AUX BIENFAITEURS

DE LA

MISSION DU MADURÉ

FAMINE — BRAHMES — CONVERSIONS

PAR

LE R. P. G. BOUTELANT, S. J.

PARIS

IMPRIMERIE D. DUMOULIN ET Cⁱᵉ

5, RUE DES GRANDS-AUGUSTINS, 5

1894

AUX BIENFAITEURS

DE LA

MISSION DU MADURÉ

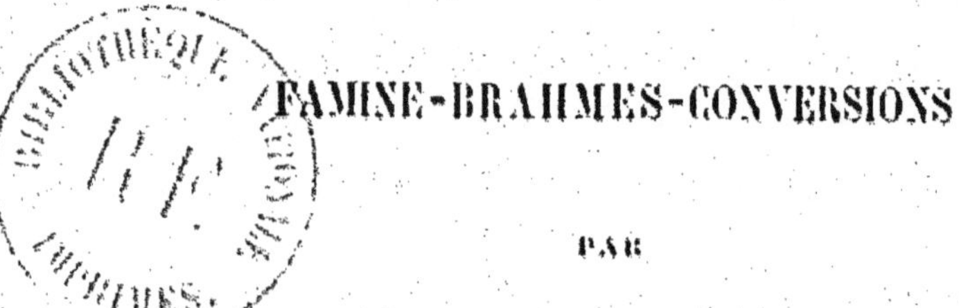

FAMINE—BRAHMES—CONVERSIONS

PAR

LE R. P. G. BOUTELANT, S. J.

PARIS

IMPRIMERIE D. DUMOULIN ET Cⁱᵉ

5, RUE DES GRANDS-AUGUSTINS, 5

1894

A NOS BIENFAITEURS

L'année 1893 a été particulièrement laborieuse et fructueuse pour la Mission du Maduré. Au milieu des épreuves accumulées de la famine et de la mort, Dieu continue son œuvre de conversion et de sanctification. Le temps n'est plus où les masses s'ébranlaient à la voix de saint François Xavier et de ses premiers successeurs; l'Inde, pénétrée à son tour de divers côtés par la civilisation et le scepticisme de l'Europe, ne semble pouvoir être conquise au catholicisme que peu à peu et pour ainsi dire âme à âme. La jeunesse ne vient pas à Jésus-Christ, même lorsqu'elle abandonne ses idoles. La science moderne, en passant sur les fables païennes, les emporte comme des feuilles mortes ; mais la foi, la charité, la pureté, l'abnégation et l'humilité évangéliques ont bien de la peine à germer et à fleurir sur un sol où le démon règne depuis tant de siècles.

On verra néanmoins, par les extraits des lettres de nos missionnaires, que la semence ne tombe pas toujours sur le roc et qu'elle n'est pas toujours étouffée par les ronces et l'ivraie. Le christianisme s'infiltre goutte à goutte et mine insensiblement le vieux culte qui s'effondrera bientôt. On verra que les Brahmes eux-mêmes sont ébranlés. Ce symptôme prouve que ces populations innombrables sont à la veille d'une crise religieuse dont nous pouvons difficilement nous faire une idée. Il s'agit de savoir si elles seront incrédules, protestantes ou catholiques.

Pour aider à la victoire de la vérité complète, il faut avant tout la grâce de Dieu ; il faut aussi la sueur de nos missionnaires et les aumônes de nos bienfaiteurs. Nous espérons que rien de tout cela ne fera défaut. Les besoins se multiplient et grandissent ; la générosité saura se multiplier et grandir à proportion. Les catholiques français montreront une fois de plus qu'on n'arrive jamais à la limite de leur dévouement. L'appel des âmes trouve toujours un écho sur le sol de notre chère patrie ; c'est d'elle et par elle que la vérité rayonne sur le monde. L'apostolat est sa gloire et sa sauvegarde ; c'est par lui que, malgré ses misères, elle sera sauvée.

Les fragments que l'on va lire ne sont que des épis glanés en courant à travers une immense moisson ; nous prions nos bienfaiteurs de les accepter comme une preuve de reconnaissance de la part des chrétiens et des missionnaires du Maduré. Nous avons fréquemment recours aux mêmes générosités, sans rougir de notre insistance, sachant très bien que le divin Maître rendra tout au centuple.

Que Notre-Seigneur bénisse nos bienfaiteurs dans ce qui leur est cher ; qu'il mette dans leurs cœurs cette joie de la charité qui est à la fois un stimulant et une récompense. Ce qu'ils auront fait au plus petit des païens du Maduré, Jésus, Fils de la Vierge Marie, le tiendra pour fait à lui-même. Plus que toute autre, l'aumône apostolique couvre la multitude des péchés et assure une couronne dans le ciel. Là, ceux qui auront sauvé plusieurs de leurs frères brilleront comme des étoiles.

Donnez quelque chose à Dieu dans le temps, afin de recevoir infiniment de Dieu pendant l'éternité !

G. BOUTELANT, S. J.
Procureur de la Mission du Maduré,
35, rue de Sèvres, Paris.

Paris, le 3 Novembre 1893.

AUX BIENFAITEURS

DE LA

MISSION DU MADURÉ

LETTRE DU P. CAUSSANEL A Mgr BARTHE

Tuticorin, 12 mars 1892.

MONSEIGNEUR,

Je viens de visiter les chrétientés qui relèvent de Tuticorin, à peu près soixante. Vous exprimer la misère matérielle dont j'ai été témoin serait impossible ; j'en ai le cœur navré.

La famine qui vient de se déclarer offrira des scènes d'horreur qu'on n'a pas vues depuis longtemps. C'est une famine préparée par quatre années de disette. L'an passé, ces populations ont terriblement souffert et toutes les familles se sont endettées. Comptant sur les récoltes de cette année, elles ont engagé champs, bestiaux, instruments de labourage. La pluie ne venant pas, la récolte fait totalement défaut ; impossible de se créer une occupation quelconque. Il ne leur reste rien à aliéner, rien à vendre, rien à manger ; en un mot, il ne leur reste en perspective que le désespoir et la mort ! Partout où je suis passé, j'ai constaté cette même lamentable situation ; partout les chrétiens m'entouraient pour me

2

faire le tableau de leur angoisse. Hélas! leurs visages amaigris, l'anxiété de leur regard, les larmes et les cris des enfants portés sur les bras de leurs mères et demandant quelque nourriture, tout cela était assez éloquent et les dispensait de paroles. Je me rappelle cette expression qui revenait sur les lèvres de tous et qui était prononcée avec un accent qui ne se peut traduire : « Il n'y a plus aucun espoir pour nous, excepté en Dieu et dans sa sainte Église ; nous n'avons plus rien pour vivre. »

Dans un village, les habitants n'avaient rien mangé depuis deux jours ; dans un autre, ils se nourrissaient depuis quinze jours d'une racine dont je ne connais pas le nom et qu'ils avaient découverte par hasard. Jusqu'ici personne ne pensait que cette racine fût bonne à manger. C'est une sorte de tubercule se rapprochant un peu de la pomme de terre. Le goût en est très amer ; mais cette racine elle-même commence à s'épuiser dans cette contrée.

Dans un village de vingt-cinq familles, les principaux habitants m'ont apporté trois poules ; ils m'ont dit qu'il ne leur restait plus rien. Leurs femmes et leurs filles, n'ayant pas de vêtements pour couvrir leur nudité, n'osaient se présenter à l'église.

C'est ici que j'ai été témoin d'un fait vraiment édifiant. Comme j'avais hâte d'aller d'un village à l'autre, pour voir de mes propres yeux toute la réalité de la situation et donner partout quelques paroles d'espérance, j'ai égaré, en faisant les préparatifs avec trop de précipitation, le petit sac où je gardais mon argent. Je ne me suis aperçu de mon oubli qu'à une distance considérable de la localité dont je viens de parler. Que faire ? Je ne pouvais pas revenir sur mes pas. Je me suis contenté de faire un acte de résignation à la volonté de Dieu. Cinq jours après, je revenais au village, et mon premier soin était de chercher mon argent. Il s'agissait d'une somme relativement considérable pour nos missionnaires, plus de 80 roupies. En entrant dans la chambre où je supposais que j'avais laissé la somme en question, j'ai constaté tout d'abord que la petite caisse où étaient renfermés les autres objets était ouverte. J'examine aussitôt, et le premier objet que je remarque c'est mon petit sac. Il n'était pas caché du tout, mais il avait été bien respecté. J'appelle le chef du village et lui demande s'il n'est pas entré dans la chambre et s'il n'a pas ouvert la caisse. Il répond très simplement qu'il est entré plusieurs fois, qu'il a même remarqué que l'argent avait été laissé dans une caisse ouverte, et que, pour prévenir un vol, lui et les principaux chrétiens ont fait la garde chaque nuit autour de l'habitation. La seconde nuit, une bande de voleurs a cherché à ébranler la porte, mais ayant observé la présence des chrétiens elle s'est dispersée aussitôt... Cette chrétienté est composée de néophytes ; il n'y a que quelques mois qu'ils ont reçu le baptême, néanmoins ils sont si fermes dans la foi que l'épreuve de la famine n'ébranle en rien leur confiance en Dieu. Ils mourront de faim, mais sans murmurer. En s'abstenant de voler et en prévenant le vol par leur vigilance, ils n'ont pas cru faire un acte de vertu. Si je ne leur avais point parlé de cet argent, ils ne m'en auraient rien dit. Du reste, malgré leur extrême misère, ils ne m'ont rien demandé.

A l'heure actuelle, il n'y a aucune sécurité sur les routes. La famine a groupé partout des misérables qui pillent les villages, enlèvent les bestiaux et les provisions. J'ai vu sur un grand chemin plusieurs malheureux qu'on avait laissés à demi morts après leur avoir enlevé quelques roupies ; l'un d'eux avait la tête à moitié fendue.

Tout cela n'est que le commencement ; dans deux mois les routes seront couvertes de cadavres. Déjà je connais plusieurs villages où quelques chrétiens sont morts uniquement de faim.

Plus de trente villages païens sont venus demander le baptême. Parmi ces catéchumènes plusieurs étaient déjà suffisamment instruits dans les principes de notre sainte religion. Depuis six mois ils ont renoncé à toutes leurs pratiques idolâtriques et font paraître un sincère désir de devenir enfants de Dieu. A l'occasion de ma visite, ils ont agi fortement pour se faire admettre dans le sein de l'Église catholique ; ils insistaient, disant que la famine n'entrait pour rien dans leur conversion, qu'ils voulaient être chrétiens uniquement en vue du salut de leurs âmes.

Puis-je céder à leurs instances et accepter la responsabilité de tant de nouveaux postes ? Les ressources dont nous pouvons disposer ne seront pas suffisantes pour empêcher un quart des anciens chrétiens de mourir de faim. Or, que pourrions-nous faire pour toutes ces nouvelles chrétientés ! Pourtant, une fois baptisés, nous ne saurions nous dispenser de nous occuper de ces néophytes. Si nous les négligions, les païens en seraient scandalisés. Car ils savent que l'Église entoure tous ses enfants, grands et petits, des soins les plus empressés, dès qu'elle les trouve dans quelque détresse. C'est même le spectacle de cette affectueuse charité qui ouvre les yeux à beaucoup d'idolâtres et détermine leur conversion. Aussi est-il singulièrement important de conserver à l'Église catholique, dans l'opinion des païens, cette grande idée de maternelle tendresse.

Je me rappelle avoir entendu, la semaine passée, dans un village, la conversation des païens avec quelques familles chrétiennes que nous avons là. J'en fus tout ému. Les païens disaient aux chrétiens : « Vous avez été bien inspirés, vous autres, de vous faire chrétiens ; il est inouï qu'on ait vu mourir un chrétien de misère. Votre religion vous sauvera !... Que n'avons-nous suivi votre exemple ! Notre religion et nos dieux ne servent de rien ; nous avons beau les supplier, ils ne nous entendent pas. Maintenant, qui nous sauvera de la mort ? Si nous demandons à nous faire catholiques, on ne nous croira pas ; on attribuera notre conversion à la misère, et on refusera de nous admettre. »

Au moment où je vous trace ces lignes, il y a plus de trois cents affamés devant ma porte, qui attendent l'aumône. On me supplie d'accourir aussitôt, parce

que deux pauvres vieilles femmes épuisées d'inanition viennent de perdre connaissance.

Je n'entre pas dans d'autres détails ; il sera aisé,
du reste, à Votre Grandeur de se faire une idée de
l'immensité de l'épreuve par ces quelques lignes.
De Votre Grandeur,
Le très humble fils et serviteur,

A. CAUSSANEL, S. J.

En transmettant cette lettre touchante, le R. Père
supérieur du district y ajoutait l'apostille suivante :

5 décembre 1892.

MONSEIGNEUR,

Je n'ai pu achever de lire cette lettre sans pleurer.
Si Votre Grandeur m'y autorise, je ferai vendre les
calices, ciboires et ostensoirs pour sauver ces chrétientés. Partout la famine commence; mais à part
quelques autres villages, çà et là, qui en sont réduits
à la même extrémité que ceux dont parle le Père Caussanel, les gens tiendront encore quelque temps.
Votre tout dévoué enfant in X^to.

L. VERDIER, S. J.

LETTRE DE Mgr BARTHE AU P. BOUTELANT

Trichinopoly, 1893.

MON RÉVÉREND PÈRE,

L'année dernière, vous le savez, une partie de notre Mission a été fort éprouvée par la famine. Il a plu au bon Dieu de nous envoyer une épreuve plus grande encore pour l'année qui commence. Une famine générale et terrible va régner dans toute l'étendue du Maduré.

La pluie attendue pour les mois d'octobre et de novembre a fait défaut à peu près partout. Dans plusieurs endroits, le terrain était si sec qu'on n'a pu ensemencer; ailleurs la récolte sèche sur pied; elle a péri presque en entier.

Des prières publiques se font dans toutes nos églises et chapelles; mais le Sacré Cœur de Jésus, qui nous réserve sans doute de plus grandes grâces, ne nous a pas accordé la faveur que nous sollicitons. Que sa sainte volonté soit faite!

Les Pères missionnaires m'écrivent que partout la misère est déjà extrême et qu'ils sont témoins de spectacles navrants. Que vont devenir nos pauvres chrétiens, si nous ne pouvons les secourir? Ils accourent en foule pour solliciter quelque secours qui les empêche de mourir de faim. Mais, hélas! avec leurs faibles ressources les missionnaires peuvent-ils soulager longtemps tant de misères ! Bientôt, si on ne les aide, ils devront assister impuissants au triste spectacle de familles entières mourant d'inanition ! Nous prions le Sacré Cœur de Jésus de vous faire trouver des âmes charitables. Par leurs aumônes, ces bienfaiteurs et bienfaitrices sauveront bien des pauvres païens accourus à nous pour éviter la mort du corps, et qui trouveront ainsi la vie de l'âme et le bonheur du ciel.

Notre orphelinat d'Adéicalabouram a déjà plus d'enfants qu'il ne peut en nourrir avec ses ressources actuelles.

Bientôt cependant, durant les ravages de la famine, on y apportera de tous côtés de petits enfants païens. Ah ! si des bienfaiteurs nous aidaient à les recevoir et à les nourrir, quel magnifique apostolat ils exerceraient parmi nos chers Indiens ! Ce n'est que dans le ciel qu'ils verront tout le bien opéré par leurs aumônes.

Je prie le Sacré Cœur de Jésus de vous bénir, vous et tous les bienfaiteurs de notre Mission.

Votre bien affectionné en Jésus-Christ,

J. M. BARTHE,
Évêque de Trichinopoly.

LETTRE DU P. DESSAL AU P. BESSE

Tirougalli, 23 mars 1892.

Mon Révérend et cher Père Besse,

J'ai souhaité la bienvenue à votre carte postale à Adakal; j'y réponds d'ici. Depuis deux mois je suis en tournée administrative. Plus tard ce travail serait très difficile, pour ne pas dire impossible, par le manque de paille et aussi de bonne volonté chez nos pauvres affamés. Il faut battre le fer tant qu'il est chaud et *pangousser* en temps opportun.

Les quinze jours que j'ai donnés à la partie Est, une large bande qui côtoie la mer, ont été pour moi un vrai crève-cœur. Quelle désolation! c'est bien la terre *deserta et inaquosa* du Psalmiste! Dans ces plaines que j'avais vues jusqu'ici, à pareille époque, couvertes de moissons presque mûres, rien que des sillons blanchis par le soleil, quoique plusieurs fois ensemencés; pas un coin de verdure pour reposer la vue, pas même une touffe d'herbe sauvage; aux arbres, pas de feuilles; le tout encadré par des lignes croisées de maigres palmiers, pour mieux faire ressortir sur ce fond vert-noir la tristesse de l'ensemble. Un silence sépulcral règne sur ces campagnes, la vie s'en est retirée avec les oiseaux. L'inévitable corbeau lui-même s'en est allé; dans trois de ces villages si maltraités, j'ai eu beau ouvrir grandement

3

et mes yeux et mes oreilles, je n'ai pu en voir ni entendre un seul.

Une partie des habitants a émigré à Ceylan, à Pinany ou vers le Tanjor. Ce qui reste mange comme il peut, quand il peut, ce qu'il peut. Beaucoup ne font pas cuire leur maigre ration de menu grain, ils la mangent crue : le travail de digestion plus long permet ainsi de mettre de plus grands intervalles entre ces tristes repas. Les corps émaciés, la peau d'un aspect dartreux disent d'eux-mêmes l'insuffisance de cette alimentation. Oui, mon Dieu, *a fame libera nos, quæsumus!*

Dans ce purgatoire de la faim j'ai un petit village tout chrétien de dix familles odéages, spécialement torturé : c'est mon cher Karunkudi du sud-est. Quelle joie pour moi de revoir ces bons enfants spirituels qui sont bien des meilleurs parmi les miens! De leur côté, quel épanouissement dans la réception qu'ils me faisaient! Ma visite était le grand événement de l'année; et lorsque à mon départ je pouvais promettre à leurs instances une nouvelle venue, quelle satisfaction sur toutes ces bonnes figures! Cette fois-ci, c'était bien changé.

Ils vinrent à ma rencontre hors du village, comme à l'ordinaire; mais leurs maigres figures respiraient la tristesse et leurs yeux baissés dénotaient une certaine confusion. A l'église, après les avoir bénis, je leur dis, non sans émotion, la part que je prenais à leurs souffrances; je les consolai et encourageai de mon mieux et je finis en refusant de rien recevoir, sinon une botte de paille pour mes bœufs. « Père, me dit alors le principal d'entre eux, si vous nous voyez tristes, ne pensez pas que c'est la vue de votre personne qui nous afflige ; nous sommes heureux de vous voir comme par le passé, nous sommes toujours vos enfants avec le même cœur, mais nous sommes désolés de ne pouvoir vous traiter comme jadis ; Père, nous n'avons rien, et vous connaissez notre bonne volonté. » Cet appel à leur cœur bien connu de moi, me fait éclater en sanglots ; les larmes montent à tous les yeux, et pendant deux ou trois minutes ce ne fut qu'une scène de pleurs. Dans la soirée, je confessai tout le monde, j'administrai deux malades, morts depuis, et le lendemain, après la messe, je dus quitter ces chers affligés : on n'avait pas un brin de paille pour mes bœufs. Leur dernière parole fut héroïque : « Père, si le bon Dieu nous donne avec la pluie un peu de *Cumbu*, nous vous appellerons avant la fin de l'année. »

Hélas ! cher Père, l'épreuve ne rencontre pas toujours des cœurs si soumis ! Ailleurs, j'ai recueilli bien des murmures contre la Providence. La foi baisse en bon nombre d'âmes : « Nous avons tant prié, et le bon Dieu ne nous exauce pas : c'est donc bien inutilement que nous sommes chrétiens ! » Voilà le travail du diable ! Ah ! priez, cher Père, pour que ce temps d'épreuve soit abrégé ; mais je crains plus encore pour l'âme de nos fidèles que pour leur corps.

DESSAL, S. J.

LETTRE DU P. BILLARD AU P. COUBÉ

Kodaikanal, 5 juin 1893.

MON BIEN CHER PÈRE COUBÉ,

Tout dernièrement, en relisant votre magnifique livre sur le *Pays des Castes*, je me suis arrêté aux passages où vous parlez des Brahmes et des espérances que l'on peut concevoir pour l'avenir. Je ne pus m'empêcher de faire la réflexion que si vous aviez à écrire votre livre, maintenant que le souffle de la grâce a passé sur l'âme de plusieurs Brahmes, vous auriez de bien belles choses à ajouter sur leur compte. Puisque vous vous intéressiez tant aux Brahmes lorsque nous nous trouvions tous les deux à enseigner dans la classe du B. A., vous ne serez pas fâché d'apprendre ce qui s'est passé depuis votre départ, et comment Notre-Seigneur semble vouloir faire poindre l'aurore que vous appelez de tout votre cœur. Il y aurait de quoi remplir des pages et des pages à ce sujet ; je me contenterai, pour cette fois, de vous raconter la conversion de Mahadhévan ; d'autant plus que ce jeune Brahme a été votre élève dans le cours de sciences, qu'il fut obligé de quitter pour cause de maladie.

Vous vous souvenez sans doute de la révolte qui éclata au collège parmi les Brahmes, à propos de quelques questions religieuses. Or, le chef de cette révolte était précisément Mahadhévan, qui étudiait alors dans la dixième classe ; mais, en général habile, il avait tout dirigé sans se compromettre ; quoiqu'on fût très certain de la part active qu'il y avait prise, on ne put jamais en donner de preuve évidente. Il échappa donc à la proscription qui frappa trois autres meneurs. Les vacances vinrent calmer les esprits, et, après la rentrée, tout marcha comme autrefois. Bientôt commencèrent de vrais miracles de la grâce. Mahadhévan vint me trouver avec un air qui montrait une âme dans le trouble et me demanda de lui résoudre ses doutes sur la religion. « Bon ! dis-je en moi-même; si jamais je me défie d'un Brahme, ce sera assurément de toi. » Je raisonnais comme un homme qui ignore l'étendue de la miséricorde divine. Je ne me laissai donc pas convaincre facilement, et ce ne fut qu'après avoir employé tous les moyens propres à le décourager que je m'aperçus de mon propre manque de foi et de confiance.

Vous dire, mon bien cher Père, l'impression que mon âme ressentit, lorsqu'après avoir instruit ce jeune homme je le conduisis à la chapelle pour la première fois, serait chose impossible. Après s'être agenouillé et avoir prié avec une grande ferveur, il se releva, puis, me regardant : « Père, dit-il, c'est fini, le dernier coup est donné. Quelle difficulté néanmoins j'ai eue à m'agenouiller ! Je croyais fermement, et cependant je ne sais quoi m'empêchait de tomber à genoux. » C'était le dernier effort du démon pour retenir cette âme dont la conversion peut avoir de si grandes conséquences, comme vous en jugerez par la suite de cette lettre.

A partir de ce moment, Mahadhévan ne fit que s'affermir de plus en plus dans la foi, et, après avoir passé son B. A. avec succès, il revint me trouver en me disant que son beau-père, qui est un personnage influent, lui faisait obtenir une place de 40 roupies par mois. L'emploi qu'on lui offrait l'obligeait de s'éloigner de Trichinopoly, et je voulais à tout prix le garder près de nous. Je lui fis alors subir une épreuve qui mit le sceau à sa constance et détruisit en moi les dernières traces de doute. Je dis donc à Mahadhévan : « Si tu veux vraiment sauver ton âme, il faut rester à Trichinopoly. Tu peux accepter l'offre de ton beau-père ; mais, dans ce cas, je me décharge de toute responsabilité sur ton compte ! » Eh bien, sans aucune hésitation, sans aucun regret, avec joie même, il sacrifia toutes ses espérances et se contenta d'une modeste place de 15 roupies chez le collecteur. Vous, qui connaissez le caractère indien et l'amour de ce peuple pour l'argent, auriez-vous pu résister à cette preuve de la générosité de Mahadhévan ?

Quelque temps après s'être installé ici, sa femme vint le rejoindre, et son premier soin fut de l'instruire. Comme c'était une belle âme et que d'ailleurs elle avait été parfaitement bien élevée et savait lire, sa conversion fut, la grâce de Dieu aidant, chose facile ; deux ou trois visites aux religieuses complétèrent l'œuvre commencée par son mari. Quand elle fut instruite, Mahadhévan lui demanda un jour ce

qu'elle avait jusqu'alors pensé sur Dieu et son âme :
« Rien, absolument rien, dit-elle ; personne ne m'avait
jamais soufflé mot sur ces questions, et, de toutes les
femmes que je connais, je suis sûre que pas une seule
ne s'est jamais douté qu'elle ait une âme à sauver. »
N'est-ce pas chose navrante de penser à ces millions de pauvres femmes ainsi détenues dans l'igno-
rance !

Comme Mahadhévan et sa femme avaient laissé de
côté toute cérémonie païenne, et que lui venait régu-
lièrement à la messe chaque jour, les parents ne tar-
dèrent pas à s'apercevoir du changement ; d'ailleurs
le démon ne pouvait voir pareille conversion sans
faire tous ses efforts pour l'empêcher. Aussi je puis
vous assurer que les persécutions n'ont pas manqué.
Père, mère, frères, beau-père, belle-mère, parents
de tous les degrés vinrent à l'assaut les uns après les
autres, et leurs tracasseries suffiraient à elles seules
pour remplir un livre. Je n'étais pas sans inquiétude
pour la femme de Mahadhévan, jeune enfant de seize
ans à peine, exposée à des tentations demandant un
courage héroïque ; mais, avec la grâce du bon Dieu,
elle a triomphé de tout. Sa propre mère vint un jour
avec la détermination bien arrêtée de l'emmener ;
caresses et menaces échouèrent devant la résolution
énergique de cette chrétienne.

Elle avait été obligée, selon les coutumes du pays,
d'aller passer quelques jours dans sa famille ; son père
vint la réveiller, et durant plus de trois heures lui
fit subir le plus cruel assaut qu'on puisse imaginer

pour le cœur d'une enfant. Tout fut inutile ; elle écrivit immédiatement à son mari, le priant de venir la chercher. Bien plus, elle se fit apôtre à son tour : la sœur de Mahadhévan étant venue chez son frère, elle se mit à l'instruire si bien qu'elle demande à grands cris de pouvoir suivre son frère et d'être baptisée comme lui ; mais, pauvre enfant de quinze ans et mariée tout récemment, elle aura bien des difficultés à surmonter.

Un des beaux-frères de Mahadhévan, qui étudie dans la huitième classe, est aussi bien disposé que lui ; un autre est pareillement sur la bonne voie. Un de ses propres frères, qui avait été envoyé près de lui par ses parents, comme espion, ne tardera pas à suivre son exemple. Quant à Mahadhévan lui-même, se trouvant, par sa position chez le collecteur, au milieu des Brahmes, vous pouvez vous faire une idée de ce qu'il a dû souffrir de leur part. Mais, bien instruit dans la vérité et connaissant mieux que personne tous les vices de l'induisme, il défend sa foi avec vigueur, et je crois que sous peu quelques-uns de ses amis ne tarderont pas à suivre son exemple.

Je voudrais vous transcrire quelques lettres que ce cher enfant a écrites, soit à moi, soit à son beau-père ; mais cela me mènerait trop loin. Voici cependant quelques lignes de sa dernière lettre que je viens de recevoir, et qui vous montreront quelles batailles il lui faut livrer : « Duraisami ayar, autrefois moousiff ici, à présent sous-juge ailleurs, est venu passer ses vacances à Trichinopoly. C'est un homme très versé dans le sanscrit, il a pratiqué le Joga système et est membre de la *Theosophical society;* le therestadar, principal officier chez le Collecteur, me força donc d'aller le trouver pour lui prouver la vérité de la religion chrétienne. Nous eûmes une discussion de quatre heures en présence du therestadar, de l'inspecteur de police de la ville et d'un grand nombre d'autres gros bonnets. Je commençai par lui donner un court et clair abrégé de la religion chrétienne; puis il m'attaqua sur la Trinité, sur la chute d'Adam qu'il ne pouvait concilier avec la prescience de Dieu. Je lui démontrai la vraie nature de la liberté et toutes les absurdités dans lesquelles il tombait en détruisant la « free will ». Nous revînmes sur ce sujet une seconde fois; à un moment donné le therestadar était d'opinion que ma thèse était tout à fait raisonnable; mais, comme le grand homme Duraisami était opposé, il vira de bord et se rangea du côté de ce dernier. Trois jours auparavant, il y avait eu une assemblée de dix *clerks,* sous la présidence du therestadar lui-même, et naturellement tous furent de l'avis de ce dernier parce qu'il tire ses 200 roupies par mois. Il vient de me donner l'ordre de mettre par écrit les absurdités de l'induisme et la vérité du christianisme. Voilà donc M. Justin qui doit préparer son apologie! »

Aujourd'hui, mon bien cher Père, je m'arrêterai là, en réservant les autres détails pour plus tard. Ce que j'ai dit toutefois suffit à prouver ce que j'avançais au commencement de ma lettre, que nous semblons entrer dans une ère nouvelle. Vous savez très bien que, si jamais nous pouvons faire une trouée dans les rangs des Brahmes, la conversion de l'Inde ira vite. Mais, pour assurer un si beau commencement, il est clair qu'il faut faire quelque chose en faveur des Brahmes, dont nous ne pouvons guère plus différer le baptême. Vous savez aussi à quelles persécutions et privations ils vont s'exposer en faisant le dernier pas.

Or, tous comptes faits, la somme totale de mes ressources humaines se réduit à zéro; cependant je rêve continuellement à deux projets qu'il faut à tout prix réaliser, si l'on ne veut pas perdre la belle occasion qui se présente. Le premier serait de procurer à mes Brahmes quelques bons livres sur la religion, qui serviraient à les instruire et à les fortifier dans la foi, à repousser les attaques de leurs ennemis, comme aussi à éclairer les Brahmes de bonne foi auxquels ces livres pourraient être prêtés. Le second serait de réunir les Brahmes bien disposés; ils pourraient se connaître et s'encourager les uns les autres, et aussi être encouragés et soutenus par nous. Le jardin de Rodgers, tout près des remparts et à côté de la nouvelle église du collège qui se bâtit en ce moment, me donne grande envie chaque fois que je sors pour la promenade.

Mais que faire? Le collège ne peut pas m'aider, la Mission non plus, à cause de la famine qui vient de sévir pendant plusieurs mois dans le sud; mon espérance est donc entièrement en saint Joseph et dans les bons anges de nos Brahmes, que j'ai chargés de me montrer le moyen de me tirer d'affaire. Vous êtes un de ceux qui ont toujours pris le plus grand intérêt à la conversion des Brahmes; je me suis donc senti plusieurs fois poussé à m'adresser à vous afin de vous demander le secours de vos bonnes prières, et aussi de vous suggérer l'idée de me venir en aide, si vous trouviez quelque âme généreuse qui voudrait faire quelque chose d'excellent pour la conversion des païens. Inutile de vous dire notre reconnaissance. Pardonnez à mon audace, mon bien cher Père; la pensée de vous importuner m'a pendant longtemps empêché de vous écrire; mais l'amour des âmes l'emporte à la fin.

Maintenant, quelques petites nouvelle sur le collége avant de clore ma lettre : nous venons de perdre ici-même le bon P. Pradier, qui a succombé à une attaque de foie après trois jours seulement de maladie. Il est enterré dans la chapelle de Notre-Dame de la Salette, auprès du P. Saint-Cyr. C'est une grande perte pour le collége, surtout à ce moment de l'année.

Nous avons quitté notre ancien bangalow, qui ne pouvait plus contenir la foule toujours croissante de notre jeunesse, et sommes venus nous établir tout près de la Salette, là où il y avait, de votre temps, un satram pour les pèlerins. Le pèlerinage, depuis la mort du P. Saint-Cyr, est presque tombé entièrement.

Notre église du collége avance, et je crois que

nous trouverons la voûte entièrement finie en redescendant de la montagne. Le P. Rapatel est Supérieur à Maduré; il a été remplacé à Trichinopoly par le P. Fabre. Les affaires goanaises en sont presque au même état qu'à votre départ.

J'ai appris dernièrement, par une lettre d'Uclès, que vous étiez allé prêcher à Bruxelles devant la cour; mes félicitations les plus sincères.

Le P. de Noircourt en est toujours aux photographies : hier encore il disait qu'il était devenu un vrai *chetti*.

Excusez mon pauvre français et pardonnez mon insistance.

Je suis bien toujours, en union de vos saints sacrifices,

Votre frère affectionné en Notre-Seigneur.

FRANÇOIS BILLARD, S. J.

LETTRE DU P. HÉRAUDEAU AU P. BOUTELANT

SUR L'ASSOCIATION DES ANCIENS ÉLÈVES DE TRICHINOPOLY

———

Kodaikanal, 29 mai 1895.

MON BIEN CHER PÈRE BOUTELANT,

. . . .

L'Association débuta en 1889, avec seize retraitants et vingt-deux membres présents à la réunion qui se tint à la campagne du collège. Cette année-ci, les courtes vacances de Pâques nous amenaient de tous les coins de la présidence, voire même de Calcutta, soixante-dix de nos anciens élèves, tous employés du gouvernement ou du chemin de fer Pandamangalam; la campagne du collège se trouva presque trop étroite. Il nous eût été impossible d'en recevoir un plus grand nombre; encore nous fallut-il les metttre les uns sur les autres. Ils étaient jusqu'à huit dans les chambres du rez-de-chaussée et plus de quinze dans le réfectoire des Pères. Heureusement leur lit, consistant en une simple natte qu'ils déroulent au moment de se coucher, n'exigeait aucune place; autrement il nous eût été impossible de loger tant de monde. Leur réfectoire, vous le savez, ne demande ni table ni chaises; ils prennent leurs repas, assis sur leurs talons tout le long de la véranda; la nourriture leur est servie sur de larges feuilles de bananiers renouvelées à chaque repas.

Trois Pères, le Père prédicateur, qui est votre serviteur, le P. Besse et le P. Visuvasam, étaient à la disposition des retraitants, nuit et jour. C'était un spectacle consolant de voir ces soixante-dix jeunes gens ou hommes mûrs suivre les exercices de la retraite avec une docilité d'enfants.

Presque tous avaient dû sacrifier les seuls six jours de vacances qui leur sont accordés durant l'espace de onze mois. En général, pendant ces jours, nos Indiens, employés dans les bureaux du gouvernement ou du chemin de fer, vont visiter leurs parents, règlent leurs affaires de famille, se permettent un petit voyage de plaisir ou un pèlerinage à quelque sanctuaire de renom. Nos retraitants n'avaient pas hésité à renoncer à ces avantages plutôt que de perdre les fruits de la retraite. Et cependant, je le sais pertinemment, ces sacrifices avaient coûté beaucoup à un grand nombre.

Vous le voyez, mon bien cher Père, nos Indiens, sous l'impulsion de la grâce, sont susceptibles d'actes généreux et presque héroïques, car enfin l'héroïsme, comme bien d'autres victoires sur soi-même, est une chose relative. Je ne sais pas si dans nos collèges d'Europe on obtiendrait facilement le même résultat dans les mêmes circonstances.

. . . .

Le jour de Pâques, à dix heures, avait lieu la grande et solennelle réunion dans la salle de la distribution des prix. Outre les anciens élèves, au nombre de cent, étaient présents tous les pensionnaires du collège. Mgr Barthe, S. J., avait eu à cœur de présider, et il était accompagné par tous les Pères et scolastiques. Trois ou quatre discours furent débités par les membres de l'Association, sur la nécessité de ramasser une somme suffisante pour fonder l'œuvre de la retraite à perpétuité. Les arguments développés étaient tous pris de l'ordre surnaturel.

. . . .

L'un des orateurs finissait en faisant remarquer que déjà un grand changement s'était produit parmi eux, car au lieu de ne communier qu'aux principales fêtes de l'année, comme c'était l'usage jusqu'à ce jour, un bon nombre recevaient la sainte Eucharistie, ceux-ci tous les mois, ceux-là tous les quinze jours, d'autres, plus fervents, tous les huit jours et même plusieurs fois par semaine.

. . . .

J'ai dit que la conversion des Brahmes était intimement liée à cette œuvre. En effet, plus nombreux seront les catholiques dans les cours, et plus il sera facile à ceux des Brahmes qui auraient un désir sérieux de se convertir, d'embrasser notre religion, car ils seront appuyés par leurs amis, employés dans les mêmes cours ou dans les mêmes bureaux. Ainsi, par exemple, le jeune Mahadhévan souffre une vraie persécution de la part des Brahmes qui l'entourent. Pour l'aider, pas un catholique influent dont l'autorité en impose aux persécuteurs. Il est pour ainsi dire tout seul, entouré de chiens dévorants qui s'efforcent de lui arracher la foi. S'il était dans le district de Tanjore, il serait presque dans un élément chrétien; car un grand nombre des hautes charges y sont occupées par nos anciens élèves, tous membres de l'Association.

. . . .

Laissez-moi vous montrer, par un exemple, ce que peut la grâce de la conversion. Il s'agit d'un jeune Brahme de Madras, appartenant déjà à la seconde génération catholique de sa famille, et qui, tout en étant fidèle à sa caste, porte bien haut le drapeau de la foi sans l'abaisser jamais devant celui du paganisme. « Quel est ton nom? lui demandait un jour un Brahme païen. — Mon nom est Mariadas (serviteur de Marie). — Mariadas, votre nom? mais alors vous n'êtes pas Brahme? — Je suis Brahme, et d'aussi pur sang que vous. — Mais êtes-vous catholique? — Sans doute; je suis un Brahme catholique. » L'interrogateur déconcerté se retira sans mot dire. Le même enfant m'écrit souvent des lettres toutes pleines d'enthousiasme et d'amour divin. Je transcris au hasard un passage de sa dernière lettre. Employé du télégraphe, il était le mieux noté de tous et passait pour le plus intelligent parmi ses collègues. Un examen de promotion eut lieu; tout le monde s'attendait à le voir tenir la tête de la liste. Mais le Sacré Cœur, qu'il aime par-dessus tout et dont il est le fervent apôtre, avait d'autres vues. Mariadas échoua. Là-dessus il m'écrit :

« Vous le savez, mon bien-aimé Père, j'attendais un résultat favorable. Or, hier, un télégramme venu de Calcutta était conçu en ces termes : *Tous ont passé, excepté Mariadas.* Que pensez-vous de cet échec? Mes camarades, jeunes, inexpérimentés, réussissent; et moi seul j'échoue! Ici se trouve le prodige. Suis-je digne d'être ainsi aimé à l'excès par Notre-Seigneur? Comme il me montre par cette épreuve qu'il m'aime d'un amour de préférence! Oh! Père, je suis fier de voir que j'ai été choisi pour être un vrai réparateur et le consolateur du divin Cœur! Je suis tout à fait décidé à recevoir toutes les croix aussi joyeusement que possible. Priez-donc, afin que je puisse porter celle-ci jusqu'à la fin sans faiblir. »

Ce sont de belles paroles, n'est-ce pas, et je puis assurer que les actes ne les démentent point.

. . . .

Fr. Héraudeau, S. J.

LETTRE DU P. IGNATIUS AU P. VERDIER

Scudamsram, 5 août 1893.

MON RÉVÉREND PÈRE,

On dit que vous êtes la providence visible des pauvres missionnaires du Maduré, et que vous savez si bien importuner saint Joseph, qu'il touche les cœurs les plus endurcis et finit par vous ouvrir les bourses. Puissiez-vous y puiser à pleines mains ! car le salut de millions d'âmes est à ce prix.

Je voudrais vous intéresser d'une manière spéciale en faveur d'une partie de la vigne du Seigneur confiée à mes soins, et où la récolte serait abondante si je pouvais disposer de plus amples ressources. J'ai frappé à toutes les portes, importuné le Sacré Cœur, la sainte Vierge, saint Joseph, saint François Xavier ; je n'ai encore vu rien venir ; mais je ne perds pas confiance : ces protecteurs ne sauraient permettre que tant d'âmes qui demandent à s'abreuver aux sources de la grâce soient à jamais privées de ce bonheur. Après avoir prié longtemps, il me semble que le moment est venu de tendre la main. Je ne rougis pas de mendier : c'est pour Notre-Seigneur ! Mais où me présenter ? Les piastres ne tombent pas du ciel, et je ne suis qu'un pauvre jésuite indien, étranger à toute relation avec les puissants de ce monde. Pauvre, j'évangélise des pauvres ; ce ne sont pas eux qui pourront me fournir les ressources nécessaires à mon apostolat, quoiqu'ils ne refusent pas l'obole dont ils peuvent disposer. Que ferai-je donc? *Parvuli petierunt panem et non erat qui frangeret illis.* J'ai autour de moi beaucoup d'enfants qui demandent le pain de vie, et personne pour le leur donner. Vous ne sauriez imaginer, mon Révérend Père, la torture de cœur que j'éprouve à ne pouvoir ouvrir la porte du bercail à mes frères dont je suis aussi le pasteur.

Nous Indiens catholiques, nous prêtres surtout, qui comprenons quel bienfait Dieu nous accorde en nous appelant à la religion chrétienne, comment ne serions-nous pas dans la peine en voyant tant d'infortunés privés de cette grâce des grâces?...

Dans la partie du district que j'occupe, à cette tristesse sont associées des joies. Notre sainte religion fait tous les jours des progrès; elle en ferait de bien plus grands si les ressources correspondaient aux besoins. Les païens sont remués; ils comprennent la honte d'appartenir à une religion qui se fait gloire d'honorer les vices les plus infâmes; ils admirent les vertus du christianisme et sont prêts à l'embrasser, si on veut bien les recevoir. Depuis que je suis dans cette contrée, j'ai créé neuf chrétientés nouvelles que j'ai dotées de chapelles et des choses absolument nécessaires au culte. En juillet dernier, je bâtissais encore une modeste église, et deux cents païens y recevaient le baptême. Il me reste encore plus de quatre cents catéchumènes instruits des vérités de la foi, et dispersés dans divers villages. Dans quelques jours, plus de cent recevront le baptême, et d'esclaves du démon seront faits enfants de Notre-Seigneur. Mais ce n'est pas assez de planter l'arbre : il faut le cultiver.

Il faut à nos nouveaux chrétiens un lieu de réunion, une chapelle où, selon l'usage de nos missions, ils puissent réciter ensemble les prières, apprendre le catéchisme, assister au saint sacrifice de la messe quand le missionnaire vient les visiter ; il faut orner cette chapelle, la pourvoir des objets indispensables, autel, statue, etc., etc. ; il faut y placer un catéchiste qui a la charge de guider les fidèles et de les maintenir dans la voie du salut en l'absence du prêtre ; ce catéchiste doit vivre. Tout cela fait un *total de dépenses* que nos chrétiens, gens très pauvres, sont incapables de solder... Et cependant, sans cela, impossible de fonder de nouvelles chrétientés, impossible d'arracher à l'enfer ces malheureux qui demandent qu'on leur tende une main secourable.

Pour sûr, si les chrétiens de France étaient témoins de cette misère, ils se laisseraient toucher. Quel est celui d'entre eux qui ne voudrait s'assurer le mérite et la joie d'avoir sauvé au moins une âme,... d'en avoir sauvé peut-être des milliers.

A l'heure actuelle, pour recueillir la moisson déjà mûre, il me faudrait bâtir quatre chapelles et instituer autant de catéchistes. Pour bâtir ces chapelles, il faut acheter un terrain ; si modestes que vous les supposiez, avec des murs en terre et un toit de chaume, je ne puis m'en tirer à moins de 600 francs chacune.

Pour faire quelque chose de durable en brique et chaux, et moins indigne de Notre-Seigneur, il me faudrait 2 000 francs : ce qui donne déjà un total de 8 000 francs. A cela il faut ajouter l'entretien des catéchistes *in perpetuum* : 150 à 200 francs par an chacun. C'est relativement peu ; mais c'est beaucoup pour qui n'a rien ! Je me verrai forcé de différer et même d'abandonner la conversion de ces bonnes gens, si la Providence ne vient à mon secours.

Et cependant, le moment de la grâce une fois passé, qui sait si ces malheureux, se voyant rebutés, n'endurciront pas leur cœur ? De plus, arrêter un pareil mouvement, c'est renoncer aux plus belles espérances, et il en coûte. L'exemple est chose contagieuse ; une conversion en appelle une autre. Nous n'avons pas de meilleurs prédicateurs que nos néophytes ; une fois convertis, il faut qu'ils attirent les autres membres de leur famille ; ceux-ci, à leur tour, veulent faire de même, et ainsi le feu se communique de proche en proche.

J'ai recours à votre apostolique charité et à votre zèle, mon Révérend Père, pour attiser ce feu que Notre-Seigneur est venu apporter sur la terre. Présentez ma requête, faites connaître mes besoins à des âmes généreuses. Notre-Seigneur n'a pas d'abri ; il faut que quelqu'un lui élève au moins une chaumière, si on ne peut lui donner un palais. O vous qui me viendrez en aide, ce sera votre chapelle, votre autel, votre chrétienté ; ces enfants seront vos enfants ; ils seront un jour votre couronne. Les chapelles recevront le vocable que vous désignerez; envoyez les statues des saints qui devront en prendre possession. Je vous promets mes humbles prières à l'autel et aussi celles de nos chrétiens. Notre-Seigneur nous entendra, il vous bénira et il vous rendra au centuple le bien que vous aurez fait.

Mon Révérend Père, en voilà assez pour vous édifier sur mes besoins et mes espérances; à vous de faire ce qui est en votre pouvoir et ce que votre zèle vous inspirera pour la plus grande gloire de Dieu et le salut de ces pauvres Indiens.

En me recommandant à vos prières et saints sacrifices,

Je suis votre humble serviteur en Jésus-Christ.

J. IGNATIUS, S. J.

Cath. Church, Via Surandi, Sendamaram, Tinnerelly district.

CONCLUSION

Sont considérés comme Bienfaiteurs de la Mission du Maduré et ont droit aux saints sacrifices, aux prières, aux mérites des missionnaires et des chrétiens tous ceux qui nous aident à soutenir et à développer nos œuvres.

Les personnes qui entretiennent un séminariste, un missionnaire, une religieuse, ont une part spéciale à tous ces mérites.

Celles qui font construire une église ont leur nom gravé en gros caractères au-dessus de l'autel, de manière que le prêtre qui va célébrer la sainte messe ne puisse les oublier dans son *memento*.

Tous nos bienfaiteurs coopèrent véritablement aux conversions faites par les missionnaires; sans leurs aumônes nous serions réduits à l'impuissance. Les ressources de la Propagation de la Foi et de la Sainte-Enfance sont tout à fait insuffisantes et nos chrétiens ne peuvent guère nous apporter que le concours très précieux de leur reconnaissance surnaturelle.

L'œuvre qui s'impose le plus en ce moment est l'achèvement de l'église dédiée à Notre-Dame de Lourdes, car elle accélérera beaucoup le mouvement vers le catholicisme qui se dessine parmi les Brahmes. Or, nous aider à convertir les Brahmes, c'est le moyen et l'unique moyen d'arriver à cette conversion de l'Inde après laquelle nous soupirons depuis si longtemps.

L'entretien d'un missionnaire coûte 1 200 francs ; celui d'un séminariste, 500 francs ; d'une religieuse indigène, 400 francs ; d'une baptiseuse, 400 francs. Cette année, les baptiseuses ont envoyé 5 540 petits enfants au Paradis ; nous pourrions facilement doubler ce nombre si nos ressources étaient plus considérables. Que de protecteurs puissants et dévoués une famille chrétienne se ferait au ciel avec 400 fr. par an !

La construction d'une église varie de 2 000 à 3 000 francs. La fondation d'une chrétienté s'élève de 10 000 à 20 000 francs ; elle donne droit à cinquante-deux messes par an et à une pierre commémorative. Ces nouvelles chrétientés deviennent presque toujours des centres considérables ; ceux qui les ont rendues possibles par leur charité généreuse méritent à bon droit le nom glorieux et les privilèges de fondateurs.

Et maintenant, chers et vénérés Bienfaiteurs de la Mission du Maduré, veuillez accepter les remerciements que les missionnaires vous adressent du fond de leur cœur, au nom de notre Sauveur Jésus-Christ, et permettez-nous de faire encore appel à votre générosité. C'est le divin Maître lui-même qui vous sollicite pour tant de pauvres âmes rachetées par le sang du Calvaire ; il vous crie du haut de sa croix qu'il a soif du salut des Indiens ; ne refusez pas la goutte d'eau qui apaisera la souffrance de Jésus mourant.

Ce que vous sèmerez en aumônes apostoliques germera dès cette vie en bénédictions pour vous et pour vos familles, pour les vivants que vous chérissez et pour les bien-aimés défunts dont vous gardez pieusement le souvenir. Pères, mères, frères, sœurs, enfants, amis, quel irréparable désastre si quelqu'un des vôtres manquait à l'éternel rendez-vous dans la patrie céleste! Cette idée donne le frisson. Pour que Dieu vous épargne ce malheur, soyez compatissants à la détresse des âmes païennes. Prêtez largement votre concours pour faire fructifier le sang de Jésus et les douleurs de la Vierge Marie; tout vous sera libéralement rendu en grâce ici-bas et en gloire là-haut. Devenez les créanciers de votre Père qui est aux cieux, afin que son nom soit sanctifié et que son règne arrive sur la terre!

G. BOUTELANT, S. J.
Procureur de la Mission du Maduré,
35, rue de Sèvres, Paris.

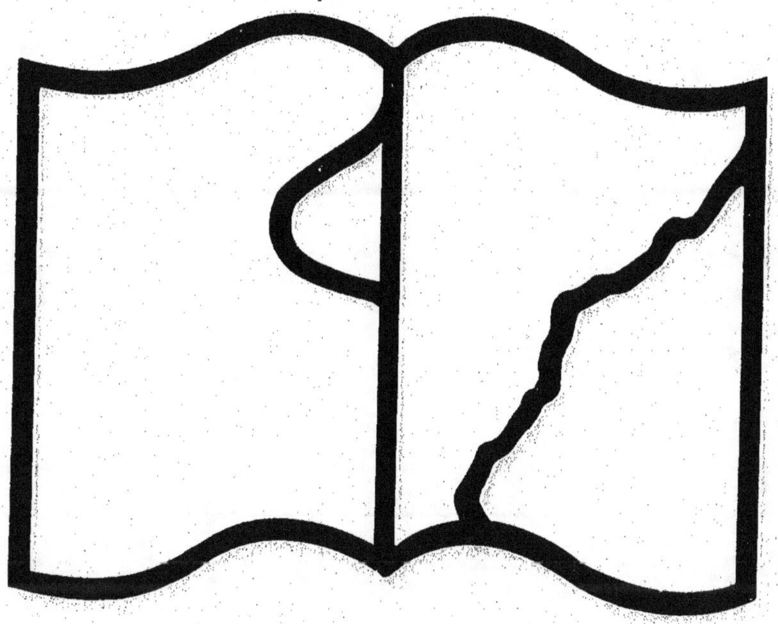

Texte détérioré — reliure défectueuse

NF Z 43-120-11